Kontaktadresse nach EU-Produktsicherheitsverordnung:
produktsicherheit@fischerverlage.de

Zehn Jahre lang, von 1978 bis zu ihrem Tod, war Rose Ausländer an ihr Zimmer im Düsseldorfer Nelly-Sachs-Haus gefesselt. Wie Heinrich Heine, nur viel länger, lag sie in der »Matratzengruft«. Im zähen Ringen mit ihrem kranken, sich entziehenden Körper schrieb sie weiter an Gedichten, die ihr den fehlenden Kontakt zur Außenwelt ersetzen mußten. In immer neuen Anläufen gestaltete sie die Themen Sterben und Wiedergeburt, Schuld und Liebe, Hoffnung und Angst. Erst 1986 versiegte die Sprache, die sie am Leben erhielt. Kurz vorher vollendete sie zwei Zyklen, die in diesem Band vereinigt sind: Die Sammlung *Der Traum hat offene Augen* enthält Gedichte, die zwischen 1965 und 1978 entstanden und – nach eingehender Überarbeitung durch die Autorin im Jahr 1986 – wenige Monate vor ihrem Tod erstmals veröffentlicht wurden. Auch der Zyklus *Ich spiele noch* ist 1987 erschienen. Er versammelt Gedichte aus den Jahren 1985 und 1986, die letzten also, die Rose Ausländer geschrieben hat.
Obwohl sich in dieser schlichten, beinahe lakonischen Alterslyrik Krankheit und Todesnähe zwangsläufig niedergeschlagen haben – »unvergleichlich bleibt die Art, wie der Dichterin das Wort zum Partner wird« (Walter Hinck, *FAZ*).

Rose Ausländer, geboren am 11. Mai 1901 in Czernowitz/Bukowina, starb am 3. Januar 1988 in Düsseldorf. Sie studierte Literaturwissenschaft und Philosophie. Als Jüdin von den Nationalsozialisten verfolgt, überlebte sie in Czernowitz. 1946 wanderte sie in die USA aus, kehrte 1964 nach Europa zurück und zog 1965 nach Düsseldorf. Seit 1972 lebte sie dort im Elternhaus der Jüdischen Gemeinde. Sie veröffentlichte mehr als dreißig Gedichtbände und erhielt zahlreiche literarische Auszeichnungen, u.a. 1977 den Andreas-Gryphius-Preis, 1980 die Roswitha-Gedenkmedaille der Stadt Gandersheim und 1984 den Literaturpreis der Bayerischen Akademie der Schönen Künste.
Im Fischer Taschenbuch Verlag liegen die *Werke* Rose Ausländers in sechzehn Bänden vor (Bd. 11151–11166).
Bei S. Fischer ist eine Auswahl von Rose Ausländers Werken unter dem Titel *Gedichte* lieferbar, sowie Gedichte, kleine Prosa und Materialien aus dem Nachlass unter dem Titel *Deiner Stimme Schatten*.

Unsere Adresse im Internet: www.fischerverlage.de

Rose Ausländer
Brief aus Rosen
Gedichte

 Fischer
Taschenbuch
Verlag

Rose Ausländer – Werke
Herausgegeben von Helmut Braun
Band 13

7. Auflage

© 2024 S. Fischer Verlag GmbH,
Hedderichstr. 114, 60596 Frankfurt am Main

Die Nutzung unserer Werke für Text- und
Data-Mining im Sinne von § 44b UrhG
behalten wir uns explizit vor.
Printed in Germany
ISBN 978-3-596-11163-3

1987

Der Traum hat offene Augen

Wann III

Noch ein Tag und
noch ein Jahr

Deine Frage
bleibt wach

Wann
kommt der Anfang

Wann kommst du
zu mir
und nimmst mich mit

Vom Leben gefressen

Schnell
wird dein Leben
vom Leben gefressen

Traum an Traum

Liebe
des Lichts

Stürzende Sterne

Unendlichkeit
der Sekunde

Vielleicht III

Wenn die Zeit sich versteckt
hinter dem Himmel
die Sterne
verraten sie nicht

Es ist still
erstarrte Menschen
erwarten ein Zeichen

Vielleicht steht es
im Orion geschrieben
und keiner kann lesen

Verweile nicht

Daß
jeden Augenblick
Gott stirbt und lebt
weiß
der ihn einatmet

Überall
wächst ein Baum
um den
die schöne Schlange
sich windet

Du kennst
das Apfelwort

Laß uns tödlich sein
Verbotenes tun

Verweile
nicht

Wundgeschlagen

Ausgewandert
aus dem Kinderlied

In welches
flüchtige Land
verschlagen

Räderchöre
elektrische Stimmen

Unsere Ohren
wundgeschlagen
von kalten
Geräuschen

Was ist es

Dieser Straßenlärm
oder ist es Musik

Vereiste Äste klirren
oder
ist es das Winterherz
das so pocht

Ich nehme euch alle
zu Zeugen
daß der Schnee so weiß ist
wie
Schneewittchens Wange

Verschüttet

Vögel möchte ich
auffliegen lassen

Verschüttet
liegen sie
im Garten
der Habsburgshöhe
und singen
Gebeinen
ein Wiegenlied

Wandelbar

Orte wandelbar
in der Zeit

die alles namhaft macht

unbehauste Worte
vergessene
ungedachte

Vergessen II

Ich hab
mich vergessen
irgendwo
ist mein Name
liegengeblieben

Im Fluß
das Zerrbild
kann ich
nicht schöpfen

Ich stelle einen
Krug Wasser
vor deine Tür

trink
meine Liebe
die im Sandmeer
ertrunken

Urteil

Ich klage
zieh meine Klage zurück
klage mich selber an

Ich gehe mit mir
hart ins Gericht
verurteile mich
zu lebenslangem Kerker

Am Fenster
folge ich dem Flug
südlicher Vögel

Unverrückbar

Die Sterne der Blinden
halten
Tag und Nacht
ihre gefangenen Farben
im Gleichgewicht

Unter einer Decke

Nachts
wenn die Gedanken
einschlagen
treten die Toten
aus ihren Verstecken

Ihre Augen
bezwingen mich
ihre bemoosten Stimmen
überzeugen mich

Wir unterhalten uns
über irdische Dinge
alles interessiert sie
ich kann ihre Fragen
nicht beantworten
sie sind besser unterrichtet
Manchmal ergibt sich
ein Gespräch
über Hölderlin oder Spinoza

Nie ist die Rede davon
daß sie tot sind
Ihre Rede ist klar
Licht und Schatten
verteilt

Wir vergessen den Zwischenfall
Tod
wir sind ja hier
unter einer Decke beisammen
nichts hindert mich anzunehmen
daß ich noch lebe

Traumsicher

An der Regengrenze
Augenblicksworte

Stolpernd
über den Schatten
Über die flüchtige Brücke
gehen wir
traumsicher
Mensch an Mensch an Mensch

Lichtstrategie

Urwort

Laß mich finden
das Urwort
damit ich teilhabe
an mir
wo du mich aufspürst
Dämon
zwischen Stern und Straße
im guten Omen
Freude

Tagebuch

Der Tag
ist mein Buch

Hier trage ich
Leben ein

an dem ich
mich erfreue
das
ich erleide

So

So
soll es sein

wie es nie
war

wie es
nie
werden wird

Sicht

Gekommen zu sehen
die Welt die wohnt
in Zimmern
Zimmer in Häusern
in Städten
in Kontinenten
in mir

Pflanzen
Tiere
Menschen

Ich seh ihren Atem
in einem Spiegel
in mir

seh alle
nur mich
wo seh
ich mich

Seinen Ort finden

In den Tag gehn
den Dingen
nicht ausweichen

Jedes
an seinem Ort

Zahlreich die Orte

Es heißt
seinen Ort finden
im Tag

Der Weg

Schwerer
der Weg zum Ziel
das unerreichte

Schwerer
der Rückweg
ins ziellose
Hier

Perlen

Perlen schenken
sie verwandeln
sich in Worte

unechte
echte

Nur
der Märchenmann
kann sie
erkennen

Verbrannt

Im vergänglichen Trug
der tägliche
Tod

Gefräßig
das Flämmchen

Verbrannt
alle Farben

Ich fege
die Asche
von Wange und Mund

Melancholie

Melancholie
dein Suchen nach Menschen
die du erfindest in deine
Wirklichkeit

Melancholie
sie wirbt um dich
hinter geschlossenen Lidern
so hell als gäbe es nichts
außer diesem mächtigen
finsteren Licht

Ja und Nein

Ich behaupte alles
und leugne alles

denn JA und NEIN
sind wahr

und ich liebe
die Wahrheit

Im Spiegel

Im Spiegel verschoben
mein Gesicht
unwegsame Wege
in die Stirn
tätowiert

Vom linken zum rechten Aug
wächst die Distanz
ich schiele
seh alles doppelt
aus dem Gleichgewicht geraten

Löwenmähnig das Haupt
in meinen Pupillen
droht Nacht

Meine Mundwinkel
fallen ins Quecksilbereis
seines Gelächters

Im Regenrock

Im Regenrock
Blick beträunt
naß der Gedanke

Fragt man
wohin führt dieser Weg
jener Weg

Fragt man
wo wohnt dieser Nachbar
jener Nachbar

Wo wohne ich
fragt man

Der Sonnenkompaß
zerbrochen

Wolken
wissen nur Wasser

Im All

Ich verliere mich
im Nichts

finde mich wieder
im All

Das Nichts
vernichtet mich

Auferstanden
im All
bin ich
ein Geschöpf
aus Worten

Hoffnung VI

Das erinnerte Heim
im Vergangenen

Dein gebrochenes Jetzt
hinkt
in die Hoffnung

vielleicht wieder
ein menschlicher bewohnbarer
Raum

Herbstlich II

Am Morgen
öffnen Fenster
graue Augen

öffne
ich mein Schweigen
leg es auf die Schwelle
einer fremden Tür

Ängstlich
beobachte ich die Straße
Räder rollen
über alles
was wachsen will

Ich nehme dem schüttern Laub
die Last ab
Klagelieder
die pflanz ich
auf Gräber
der Freunde

Grüne Kräfte

Im Spiel der grünen Kräfte
Mensch und Pflanze
Die Stadt
wächst im Moos des Winds

Geheime Zeichen
Wer deutet Adersprache
Laub und Inschrift

Die Zeichen wandern
von Stirn zu Stirn

Mit Inbrunst
blau und schwarz
der Himmel hält den Hauch
im Wanderatem

Grüne Kräfte
im Zeichenspiel
wird Lieben leicht
dem Menschen
da und dort

Glasscherben

Was der Wind verwirft
Glasscherben
sammle ich
setz sie zusammen

zu vielfachem Spiegel
der Sonne
dem Regenbogen
zum Ruhm

Geburtstag II

Elf Maikäfer
haben mich geboren
im Maikäfermonat

Die Flügelgemeinde
weihte mich ein
ins Abendgeheimnis
Laterne und Mond

Ich fürchte
das tödliche Licht

tagsüber
Blindenschrift

Frost I

Im Siebenmeilenschlitten
der weißen
Gefahr
voraus

Eis hat
tiefe Wurzeln

Im Frost
geht um
das Sonnengespenst
Tief
unter Null

Frage

Wind mischt Farben

Ich suche mein
Gesterngrün
im verwandelten Wald

Gestern war er mir gut

Hält er mich heute
mit windschiefen Gesten
gefärbten Wangen
zum besten

Einverleibt

Du einverleibt
dem Du
im Rosenschlaf
Gewittertief
nie aufhörender
Augenblick
aus dem Schatten geschält
dein Gesicht

Der Traum hat
offene Augen

Die Nacht beleben

Sonne auch sie
ein Rätsel
Klarheit
mit Schattenspielen
Verführung

Blind die Augen
der Sterne
mit Schneewittchen
die Nacht
beleben

Dennoch vereint

Einst waren wir
Eins

Heute sind wir
unendlich getrennt und
dennoch vereint

Das wissen sogar
die Rotkehlchen
und Bäume

Sie kennen
unsere Sternsprache
unser grünes Märchen

Dein Eigentum I

Atem holen
aus dir
Erde

Du zählst mir zu
die Atemzüge
forderst mich auf
dich zu berauben

Straf mich Lügen
straf mich

Was ich mir erobere
bleibt
dein Eigentum

Dein Eigentum II

Das fremde Leben
dein eigenes Reich

Es erreicht dich
im Wort und
hinter dem Wort

öffnet Türen
zu fremden Menschen
deinem Eigentum

Da wohne ich

Ich mache
einen eigenen Raum
aus Luft und Atem

Da wohne ich
in meinem Untergang
und unterhalte mich
mit Fischen

Bilanz

Wieviel Millionen Umsatz
die Bilanz stimmt nicht
ich rechne
schreibe Gedichte

Weiß nicht den Profit
Zahlen rollen mir aus der Hand
Worte holen mich ein
sieben mal sieben Stimmen

ich rechne Gedichte
sieben mal sieben
Null um Null
überflutet mich
zahllose
Stimmen
holen mich heim

Stilleben V

Zufällig
diese Anordnung
von Körpern
auf dem Tisch
von der Sonne besucht

Kornblumen
Orangen
die Schüssel
das Messer trägt
einen Regenbogen

Beginnt schon
das Welken im Glanz
Ein guter Vorsatz
bleicht die Leuchtkraft
Fällt anheim
dem Schatten
der schwarzen Schleppe
die Sonne
nach sich zieht

Auf der Flucht

Eine Mauer schiebt sich
vor die andere

Ich gehe durch das
verschobene Land
komme vom Hundertsten
ins Tausendste

Auf der flüchtenden
Landstraße
suche ich Kinder
auf der Flucht
vor der Flucht

Antrieb

Die Mänaden
haben uns nicht verlassen

Mensch geworden
heimisch in unserem
Hirn

sie treiben uns an
keiner
kann sie vertreiben

Alles war schon

Alles war schon
Die Wunder sind verebbt

Neue Fragen
von harten Lippen
wo sich
vor der Antwort
verbergen

Ihr Riesenzwerge
im Riesengebirge
aus Pappe

Ein Abschnitt Langeweile

Im flüchtigen Rausch
aufschrein
und Asche sein

Nimm ein Licht

Nimm ein Licht
in deinen Traum
denn der Mond ist
ein Gaukler
unverlässliche
Leuchtkraft

Sterne
verkapselte Strahlen
auf
die schwarze Fläche
gespannt

Wie willst du
den Mitternachtsberg
besteigen
auf
der Leiter aus Luft

Gewiss
es führen
viele Wege
zur Spitze
der sie kennt
nahm ein Licht
in seinen Traum

Moirisch

Nimm die Sprache
zum Zeugen

Mit den Sternen
im Bund
dein Wille
bereit
zur
Verwandlung

Moirisch vorhanden
auch
dein
Sirenenwort

Wehrlos

Ich sage allen
bleibt mir vom Leibe
aber seid da
ohne euch
kann ich nicht leben

Kommt
und vergeßt mich

Ich bin wehrlos
wie meine Heimat

ausgesetzt
den verschwiegenen Worten
der Welterschaffung

Gleichgewicht

Wie viele
unheilkündende Meteore
abgestürzt
im Sekundenruhm

ihre flammende Unterschrift
auf der schwarzen Tafel
verflüchtigt

Aber andre Sterne
Kornblumen mit Zukunftsduft
im Luftfeld erblüht
nehmen ein den
leergewordnen Platz

damit erhalten bleibe
das Gleichgewicht

im Kosmos
und
in dir

Tag Nacht

Der Tag
sagt Brot
Die Nacht
fliegt Traum

Der Tag sagt
Sonne tüncht gleich

dienend

schweigen die Sterne

Verborgenes Licht

Manche Worte
strahlen

Andere schauen mich an
mit schwarzer Magie

Ich hole
ihr verborgenes Licht
und lege es
in mein
umdunkeltes Herz

So
lebt es sich
leichter

Gedächtnis II

Steine
zählen deine Schritte
ihr Gedächtnis
ist dein Weg

Er geht dich
vom Quell
bis zum Gipfel

Marienkäfer

Ich schließe
den Himmel
vor meiner Tür

Verirrter Marienkäfer
sieben Schwarzpunkte
auf rotem Rücken

Das Siebengestirn
schwankt
auf meiner Fingerspitze

Plötzliche Flügel
Luftfinger öffnen
den Himmel vor meiner Tür

Wege

wollen gegangen werden
geh »ein Wort weiter«

gradaus schräg
hinauf hinab

finde deinen Schritt
im Sternenwald

Licht kleidet dich
in Schatten

Geh
in den Steinbruch
der Wörter

Wellen

Wer weiß
wo ein Glück beginnt
wann es ins Wasser fällt
welche Wellen es
wegtragen
wie das Haar
bleich wird
und starr

löse
das Rätsel

Wenn du liebst

Reise
zu den Zwergen

Heinzelmännchen schaffen
dein Werk

Sie leben in dir und
hinter den Bergen

marschieren mit dir
zu den Riesen
die heute dich foltern
morgen dir Sterne schenken
den Mond dir vermachen
wenn du liebst

Du liebst
Menschen Worte
das unfaßbare Leben

Wie viele

Wie viele Gedanken
Worte Bewegungen
im Tag

Wie viele Augenblicke
im Tag
in denen du
dich
nicht verschweigst

Wo du uns findest

Auf der Suche
nicht
nach der blauen Blume
nicht
nach den unvergänglichen Namen

Zusammenhang üben
gegen unsern Willen

Dein Wille geschieht
wo du uns findest
in der Zerstreuung
der Dinge
in der
vollkommenen Null
die vermehrt
was du uns zuzählst

Zeremoniell

Frühling augenerfüllt

Licht verführt uns
heute
Farben für Blumen
heute zaubert
das Wasserkristall

wir
glauben den ersten Bienen
rot sei rot

hier und dort wo
der Lichtmeister sein
allfarbnes Zeremoniell
abhält

Wo I

Wo ist mein
Paradies

In der Nacht
war es
mein Heim

oder
hab ich
geträumt

Wache ich jetzt
in der Wüste

wo
die Augen
sich schließen
mein Lager
aus Sand

Wolken

Wolken
die einander jagen
die der Wind liebt

Sie stürzen
kopfüber kopfunter
halten den Himmel
Küssen die Erde
von Sturm und Salz

Im Bild

Ich bleibe im Bild
aber bleibt es
bei mir

Wolken sehen Regen
der Fluß schreibt
seine Zeile
auf zuckendes Treibholz

Fische tanzen
im
Kristall

Namenlos

Was einen Namen hat
ist schon verloren

Wir nehmen
namenlose Wörter
in den Mund

hauchen
sie aus
sie werden
sich finden

Paul Klee II

Das Liniennetz
magnetisch
fängt alles ein

Zwischen zwei Strichen
Farbe bekennen

Mit Katzenblick
gesichtet
zahllose Welten

Die gefangene Blume
wächst und flieht

Singen

Singen
den Freudensang
eines Traumes
den Trauersang
unserer Zeit

Das Helle
du bist
ein Fünkchen Licht
das Finstre
Gedröhn und Gerassel
der Maschinen

Wir
müssen wach sein
unsre Stimme
wach halten
um
singen zu können
ein
ruhiger
atmender Morgen

Zahllose Augen

Du hast
zahllose Augen
jede Pore
sieht
das Verhängnis
und
die goldumhangene
Liebe

Vertrauen I

Vertrau dem Abend
dein Licht an

Er
verschweigt es
allen
die es nicht
sehen sollen
nur der Abendstern
weiß es

der besteigt
den silbernen Wagen
und nimmt
es mit
auf seinen Zauberweg

Im Dialog

Ich sage ich
und weiß nicht
wen ich meine

weiß nicht
wer mich meint

im Dialog
mit meinem Stichwort

Nicht immer

Schön
auch nackte Nächte

nicht immer
wollen Sterne
Menschen sehn

Sünder

Noch nicht ganz
vergessen
das Paradies
wo wir sündlos waren

Schön und süß
der Apfel
sein Saft hat uns
sehend gemacht

Laßt uns Sünder sein
verbotene Worte lieben
und Menschen
unter drohendem Himmel

Recht

Goldne Gespenster
Volle Kelche
wir trinken auf euer Wohl

Es ist unser Recht
von der Furcht
Abschied zu nehmen
die Schwerkraft der Sterne
zu prüfen
ihre Schritte zu zählen

In grünen Tagen
war die Liebe rund
Hilflos gegen
die Weltverwalter
im nichtgewebten Wams
wir Vögel
mit gebrochenen Flügeln

Es ist unser Recht
zu schweigen
wenn sie
die Glocken versenken

Goldne Gespenster
eingesponnen ins
Netz unserer Nacht
wir trinken auf euer Wohl

Wer zählt
unsere Atemzüge

Wer unterscheidet

Schatten oder Gespenster
wer unterscheidet
die gespaltene Wahrheit

Deine geblendeten Augen
sehn doppelt
im Wind deiner
Gedanken

Wohin II

Ich haltloser
Elektronenkörper

Wohin
fliegt meine Angst
meine Liebe

im rotierenden
Raum

Wunderwelt

Diese Wunderwelt
Luft Licht
läutendes Meer

und
Worte
zwischen Mensch
und Mensch

Zerbrochen

Gedanken aus Glas
in der
Hagelschlacht

zerbrochen

liegen wir
unter
Asche und Stein

Arglos

Nachts bin ich
ein anderer
meinen Namen vergessen

heilig gesprochen

kalt
ledern die Sterne
im Schwarz
über
der verkrusteten Erde
an der ich schuldig bin
ich argloser
Träumer
untergegangen
im Wortstrom

Ausgangspunkt

Die Wendeltreppe
dreht sich
bis sie die Spitze
im Licht
erreicht

Hier stand die Leiter
wo Jakob
die Engel besiegte

Damals
aber jetzt
dreht die Erde sich
um sich
und die Sonne
bis sie
zurückkommt
zum
Ausgangspunkt
Aufgangspunkt

Immer neu

Immer neu
Blüte
Gras
Gedankenflucht
das bewältigte Wort

Fremder

Fremder verlasse
den verlorenen Ort

Neue Fremde

Die Gegenstände
schweigen

Im Kissen
schläft der Traum

Auf der Bettdecke
wachsen Gras
und
leuchtende Blumen

Regen
klopft ans Fenster
zu löschen
das Licht

Der Mond II

Ehernes Gesetz
abgeblättert
der Mond
für eine Weile
ins
Jenseits gerollt
bis er
als blonder Halbkreis
wieder erscheint

Bruder der Erde
einst auch
Bruder der Dichter

Heute
ein banales Gestirn
aus toten Trümmern

Dornen

Wir haben Rosen
gepflanzt
es wurden Dornen

Der Gärtner
tröstet uns
die Rosen schlafen
man muß auch
seine
Dornenzeit lieben

Es war einmal IV

Es war einmal
ein Ganzes
nicht
vier Viertel
oder
sechzehn Sechzehntel
Teile

es war einmal
ein ganzes Gesicht
eine ganze Freude
im Gesicht
um keinen Schatten
verkürzt

wie jetzt
unsre
drei Viertel
oder
sechs Sechzehntel
Freude
im schattenzerschnittenen
Gesicht

Falle

Diese Stunde kneten

Glieder
Gesicht
der Rumpf
fertig

Die Stunde fällt
in die Falle
der sechzig Minuten

Finden IV

Tiefe Trauer
helle Freude

Worte
suchen mich
ich finde sie

Verlieren

Wirf
eine Münze
auf den Boden

Du Kopf
Adler ich

Stolz
blickt
der Kopf
mich an

Ich verliere
meine Habe
Worte
Worte
Worte

Gib mir
dein Schweigen

Freude II

Gefieder
durchsichtig

Lerche
im Licht

strahlender
Sang

im Flug
das hohe Lied

eine Sonne
geht auf
in dir

Frisch färben

Laute Träume
weckten
die schlafende Zeit
wir standen auf
in der
Mondfinsternis
ein Kometschweif
zerschnitt
die Nacht

Es war
es war einmal
alles vorbei

Die Schiffswand
weiß
weiße Möwen
begleiten uns
das neue ABC
weißgekalkt

Wir müssen
jeden Buchstaben
frisch färben
mit unserm Blut

Halte sie fest

Sträubt sich
dein Wort
gegen den Wind
dieser Zeit

Hinter ihr
atmen noch
leise Minuten

Halte sie
Halte sie
fest

Harte Musik

Ich lehne
an einer Wand
aus Ohren

Im Herzhaus
singt die Uhr
den Sekundenreim
zum Atemtakt

Mit der Hand
hämmere ich
an die Wand
hämmere ich
meine
harte Musik

Hinauf

Aus der Traufe
kommend
in den
mit Sonne
bekleideten
Regen

Immer
ein Märchen
hinauf

Schattenspiel

Längst sind die Toten
auferstanden
die Lebenden tot
auf die Dauer nicht
unterscheidbar
Staub an Staub
die himmelhohe Mauer
bunte Schatten
treiben auf ihr
das zeitliche Spiel

Scheinrot

Ich öffne mein Zimmer
zur offenen Rose
wach im Wasser
ein paar Tage
Freude

Ich kenne die Blumensprache
im Dornengedicht
den entwurzelten Duft

Das Licht ist ein Lügner
scheinrot
die leblose Rose

Mein Zimmer
schläft ein

Siebzig
Für Marie Luise Kaschnitz

Wieviel mal siebzig
Lichtjahre
ihre Schatten
fallen
auf deine Stirn

Am Jahrmarkt der Masken
Wanderjahre im Wandel

Belauert
von wieviel Augen
das Wort geschieht
eindeutig weiß
wenn alle Farben
sich lieben

einen Augenblick
einmal immer aufs neue
mal siebzig
Lichtjahre
unendlich

Staunen I

Bäume und Gras
grüne Augenweide

Tagsüber die Stimmen
von Laub und Fontäne
nachts Grillengesang

Machen wir uns
mit den Sternen
vertraut

Wir Stäubchen
staunen
Spiel oder Traum

So unfaßbar einfach
ist alles
so vielstimmig
spricht das
Märchen Leben
uns an

Tausendfüßler

Tausendfüßler
Traum

Er legt mir
viele Länder
zu Füßen

zuweilen
den Schein
einer schönen Erde

den Schein

Tonfall

Mit den Wänden
um die Wette
schweigen

bis aus dem Telefon
Besuch kommt
der Rosen bringt
oder Dornen

Es hängt
vom Tonfall ab

Über Bäume

Das Gespräch über Bäume
wird nie beendet
solange es Worte und
Bäume gibt

Wer mag leben
ohne den Trost der Bäume

Den Baum der Erkenntnis
hat keiner
erkannt

Verwandter Träumer

Abend
verwandter Träumer
mit Schweigen
begabt

Du zeigst
dem Menschen
das Ziel
das sanfte Hinüber
in eine
andere Welt

Wie schnell

Wie schnell
der Tag
sich verflüchtigt
ins Nichts
die Nacht
ins Nichts

Tag und Nacht
weiß man nicht
wohin mit dem Nichts

aus dem man
schaffen muß
Wohnung Weg
Bewegung und Ruh

Winter IV

Eisblumen Schnee
jene Schlittenpartie
Sterne sprühten
der Winter
hielt uns in Atem
weiß war die Welt
wir gaben uns hin

Hagelschlacht

Ich kehre zurück
zu meinem gefangenen Winter

ohne Eisblumen
ohne Schlittenpartie

Wintersonne

In der Wintersonne
erwärmt sich dein Traum
die Welt sei eine
helle Seele

Vergiß dein Bett
laß deine
Gedanken tanzen

Jeder Augenblick
schenkt dir
Ewigkeit

Du siehst die
Berge das
himmelfarbne Meer
Wälder reden zu dir

Alles dir anvertraut
von der
Wintersonne

Wohin III

Wohin
sind die
herrenlosen Vögel
gezogen

Glaube der
ersten Schwalbe
blau sei blau

Wünsche

Kein
Zeitstillstand

Wo der Gedanke

Ich suche
die Grenze
zwischen
dir und mir

Lichtnadeln
Haare
verschwommene Schatten

Wir durchdringen uns
wo der Gedanke abbricht
kein
Spiegel uns
reflektiert

Wortmehl

Hungerworte
verschlingen
was sie finden
glückliche Märchen
Frevel
Trockene Scheiben Tugend

Sie werden nicht satt

Der Frevel frißt die Tugend
das Märchenbrot mundet
dem Träumer

Sein Hunger verschlingt
was er findet
Wortmehl
Liebe und Trost

Willst du

Kugel grüne
noch einen Tag
noch eine Nacht
noch noch

Verberge uns
wie das Gras will
wie du willst

Wir
entzweit
mit dir
mit uns selber

Verbirg uns
im
Feentraum

ferner dem Himmel
näher
wie er will

Mittwärts
verbirg uns
willst du
Erde

noch eine Sternzeit
noch

sind die Fahnen
nicht weiß

Mir selber begegnen

Wenn ich
mir selber begegne
im Damals

als ich
auf einem Gebirgsweg
dem Lerchenlied lauschend
einen Salamander zertrat

die schönen Giftpilze
bewunderte

und stehen blieb
weil Hamlet
plötzlich da war

reiche ich mir selber
die Hand

Es ist anders geworden
und gleich geblieben

Nebel IV

Verschwommene Tage

Häuser
ducken sich

Gestalten
schleierumhüllt
bewegen sich
im Weißtraum
Akkord
aus
Muschel und Mensch

Nichts
behält seine Form
alles in Auflösung

Sagen und
Zauberlegenden
erzählt die Luft

Ich spüre
den Erdatem
weiß auf weiß

Nebel V

Aus weißer Wolle
die Stadt

Sirenen schneiden
die Luft in Streifen

Bewegungen
ändern den Kurs

Natur
dehnt sich
über aufgelöste
Dächer und Denkmäler

Auf Schritt und Tritt
stoße ich
auf Kulissen
wenn ich den Gedanken
folgen will

Nägel

In den Wind geschlagen
Tage aus Nägeln

Ufer mit Wassernägeln
befestigt

Eine Farbenbrücke
gehämmert an den Himmel
mit Luftnägeln

Mit ihren scharfen Nägeln
blüht die Rose
rot

Gedankenwald
ein Blitz
schlägt Wurzeln im
nagelneuen
Wort

Leuchten

Sterne
Glühwürmer
leuchten

Staunen
meine Heimat

auch im Dunkel
daheim
mit
verlornen Freunden

Bleibt
nur der
Trost der Träume

Körper II

Der Wind kennt
alle Richtungen
weht dir zu
aus
der einen der anderen

voller Masken

Fleisch geworden
du weißt
die festen
zerbröckelnden
Körper

Heimleuchten

Irre
angeln
den Mond

Lieg uns
zu Füßen
alter Gesell
leuchte uns heim

Gegen den Strom

Schwimm
gegen den Strom

Der Strom schwimmt
gegen den Himmel

Seine
verschlossenen Türen
sind offen

Die Spitze

Ich zog aus
das Leben lernen

Mein Haus ausgezogen
ich wohne im Wort

Bienenwiese
Maisfeld
verwitterter Herbstwald
Berg aus Schnee

Ich bin
ein Eiszapfen
eine Fichte

Der Tod
macht mich
unsterblich

Zuweilen

Traum der meinen
Schlaf umgeht

Tausendfüßler
er legt mir
flüchtende Länder
zu Füßen

zuweilen
den Schein einer
anderen Erde

das Bild
eines Himmels
und einer
besseren Hölle

Das Wort II

Es klopft nicht an die Tür
lautlos
tritt es ein
nimmt Platz im Armstuhl
bereitgestellt
für den Propheten

der nie kommt

Ich spüre eine Gegenwart
des Wortes Anwesenheit
spüre ich

seh es nicht
höre es nicht
kann es nicht betasten

aber ich weiß
es ist da
im Armstuhl
bereitgestellt
für den Propheten

Briefe III

Brief aus Rosen
ihr Duft
umarmt
meinen Atem

Brief aus Astern
herbstbuntes
Ade

Immerzeit

Nicht wissen
wie die Minuten
verrinnen
Tage
einander verfolgen

Häßliche
schöne
Immerzeit
distelumrankt

Baukasten

Dieses Auseinanderstürzen
in Würfel und Kugeln

Hinausrollen
zurückprallen

abgebaut
der Turmbau

Unter dem klaren Vorbild
der zerstörte Zusammenhang
des Musters

Im Kasten
deine Fäuste
gefesselt

dein Auge verfolgt
das bewegungslose
Spiel

Augen II

Augen traf ich
von ungefähr
eine Lichtsubstanz

Mein Herz
im Punkt der Pupille
zieht sich
zusammen
weitet sich
im Spiegel
der siderischen Augen

Kein Märchen
die Augen im Märchengesicht
sind da
der Stern
der sie atmet
sichtbar am Himmel
Venus
erster Lichtimpuls
abends

Am Rand III

Wir blühen uns zu
am Rand
einer verworrenen
Legende

im Mittelpunkt
zwischen
Berg und Stern
Meer und Distel

Ich spiele noch

Dennoch Rosen
sommerhoch
Schmetterlinge
Möwenschwingen
überm Fluß

Nein
ich vergesse nicht
die eingebrannten Jahre
ich vergesse nicht
daß Stiefel
den Regenbogen zertraten
daß sie sich rüsteten
uns zu verwandeln in
Feuerrosen Feuerfalter Feuerschwingen

dennoch sommerhoch
der Duft
die Doppelflügel überm Fluß
das Gold auf meiner Haut

und die toten Rosen
nach der Nacht

Wir
träumen Schlaraffenland

Schlaf und Bilder
in allen Farben
was mein ist
ist unser

Wir bauen
Papierpaläste
pflanzen
Wortwälder im Jagdrevier

Vögel aus Luft
unsere Beute

Die
Finsternis wächst

auch
im Licht

es ist kalt
wir erfrieren

stehle einen
Funken Sonne
zünde
ein Feuer an
in der Straße
aus Stroh

wärme
dein Wort

Im Leuchtfeuer
des Abendrots
verklingen
die Furchen der Furcht

Du schreibst
an den
Rand des Horizonts
ein Gedicht

Augenblicksstimmung
Zufallsfarben

Hereingefallen
sind wir
Luzifer
hat es uns
längst prophezeit

Kreisend
im Kreis
unserer Gewohnheiten
fallen wir
nicht aus der Rolle

Fallen nicht auf
lebend oder tot

Wir
haben uns nichts vorzuwerfen
wir
wissen was wir tun

Die Anderen
ja die Anderen
das Übel

Wir
wohnen im Weihrauch
das Vaterunser
beschuldigt uns nicht

Wir
eine reiche Gemeinde
zahlreich
gut gerüstet
gegen die Anderen
hinter dem Zaun

Die anderen Übeltäter
wissen nicht was sie tun

Keine Gedichte
im Augenblick
ich will leben

Morgen
vielleicht
glückt das Wort
weißes Blatt
Wald voller Vögel

Ich
spitze die Ohren
sehe mit den
Eulenaugen der Nacht

keine Gedichte
Morgen
vielleicht

Du warst
kein Versprechen
verläßlich

Erinnerte Zukunft
Obdach für Findlinge

Die fanden sich
in deiner rauhen
wahrgewachsenen Wärme

Aufatmen
wenn die Gefahr sich verbirgt
in einer Furche Hoffnung
und die Stirnwunde
vernarbt

Ich
bin Kain
ich habe
dich erschlagen
Abel
mein
auferstandener Bruder

Zeitlebens räche
ich mich
an mir

Aber du
was suchst du
hier
bei meinem
verfluchten Geschlecht

Nichts
tröstet

Von den Bergen
fallen
weiße Tücher
das Fenster
erblindet

Im Zimmer hockt
die Nebelkatze
ihre Feueraugen
verbrennen
die kommende Zeit

Ich lausche
dem Monolog des Mondes

Seine gelben Silben
tropfen in meinen Kelch

Wir werden
uns finden
wenn wir
Kinder
geblieben sind

Ich
eine kleine Blume

Wer nannte mich
Rautendelein

Wahrhaftig eine Rose

sagte der Mann
und ging weiter

Letzte Wiederkehr
ins Nichts
Weltreise
nach der
ich mich sehnte

Die Erde
tanzt um mich
libellengleich
Mit ihr
als Sternenherz
verglühn

Vergiß
meine ängstlichen Gesten
Vorbei
was mich in Schlaf
gewiegt hat

Ich schicke den
Traum auf dein
Haar
und singe
Morgen
zu spät

Morgens
eine Nachtigall
im Garten

Sie hat
mein Lied erraten

aus Seide und Schmerz

Im Sommer
hör ich die Bienen
im Winter den Frost

Ich trinke
den Honig deiner Zärtlichkeit
und
das Eis deiner Gegenwart

Zwei Wunder
in einer Schale

Jenen
verlorenen Zeiten
bleibe
ich ewig treu
und spiele
mit Ball und Reifen
und tanze
mit Schatten im Hof

Ich sammle
meine Verluste
in einer Schale
sie blühen schwarz
wie Mohnduft
in mein Niemandsland

Aus der Sonne
fallen Bienen
in mein Licht

Mit meinem
Schatten tanzt
ein Zauber

Am Ende der Zeit
werden wir uns
umarmen
und der Erde
Ade sagen

Sie nimmt uns
in ihren Schutz

Ich danke
den Göttern
für Oliven
und Wein
für Melonen
und Rosen
für die
erwachten Frühlingswelten

Ich kreise
im Kreis
der Gestirne
ein ehernes Spiel
aus Zukunftsmusik

Das Weiß einer Säule
aus dem weißen Athen

Hier bin ich wiedergeboren

und schöpfe Schaum
aus der Traumbrandung

Am Himmel
die künstlichen Vögel
umgeben von Sternenspruch
die Sichel wächst
und Schatten werfen
finstere Tücher herab

Ich muß einen
Traum bestellen
aus tausend
und einer Nacht

Vergeßt mich
nicht fremde Freunde
bergt mich in
eurer Höhle
rettet mich
durch die Nacht

Ich bin
schon lange verschollen
doch
ich lebe immer noch
in einem
verlorenen Zimmer

und spiele
mit Worten
wie ein
törichtes Kind

Mit den holprigen Jahren
wachsen die Wände
sich satt

ich reite auf
einem Drachen
in ein verwunschenes
Land

dort wachsen
blühende Worte
und auch weichgrünes
Moos

Es wird noch
manches geschehen
eh ich nach Kimpolung
komm

Der Auferstandene
küßt
mein erfrorenes Wort
tote Seelen
bitten mich um
ein treues Gedicht
das
die Würmer erwürgt

Als ich
aus der
Kindheit floh
erstickte
mein Glück
in der Fremde

Als ich
im Getto
erstarrte
erfror
mein Herz
im Kellerversteck

Ich Überlebende
des Grauens
schreibe aus Worten
Leben

Aus fernen Welten
fallen Worte
mir in die Hand

Der Herr
ruft hilf
du mußt mir
sieben neue Tage schaffen

Vergib mir Herr
meine Hand versagt
vergib mir Herr
vor dieser Last

Ich wohn
auf einer Zauberinsel
wie einst
der arme Robinson

Früchte nähren mich

doch ohne Wort
und Menschen
muß ich

verhungern

Ich entdecke
im Herzen der Sonne
eine Amsel
Sie singt mir
herrliche Stunden
einen heiteren Tag

Es fliegen die silbernen
Tränen
hinunter ins Totenreich

Mit toten Freunden
zu zechen
ist mir Gewohnheit

Sie haben nicht vergessen
ich ziehe ein Wolkenkleid
an

Freundschaft
mit dem
Mondmann
darfst
toter Freund
nicht neidisch sein

Wir verstehen uns
schon seit vielen Jahren
ich erfreue mich seiner
Gunst
mit stillem Wasser
das nicht trunken macht
trink ich ihm zu

Aufwiedersehn
bleib mir gut
bis ich dein Licht
verlassen muß
Aufwiedersehn

Ich schmücke
einen Osterbaum
mit Versen
von vergangnen Meistern

ich habe keinen
je vergessen

Vielleicht
vergessen auch sie
mich nicht

Die Tage des Schweigens
sind noch nicht vorbei

Es schneit Verzweiflung
das Eis verwandelt sich
in Blumen
ich sause im Karussell
den Rareu hinab

irgendwo hockt der April
und ruft die Tauben

Auf den Eisfenstern
blühten die Blumen
in der östlichen Stadt
Wir sind ein fremdes
Völkchen
ohne Schutz und
Beschützer
preisgegeben dem
weißen Mord

Ich war
ein Vogel
eine Feder
war ich
oder hat mich
der Morgenstern getäuscht

oder war der Traum
eine Schnecke
in deren Haus
ich mich verlor

Freund
kennst du
die Antwort

In das Mondhorn
blase ich
einen tollen Kinderreim
Mutterlied
vor meiner Geburt

Der Mond lacht
mich aus

Warum

Wir schenkten uns
doch
üppige Wolken
aus schwingendem
Regenwein

Im Mund des Mondes
wachsen Legenden

Ich schlief hundert Jahre
bis der verschollene
Prinz Ruprecht mich küßte

Da fing
wahrhaftig
das Leben an

Mit Habgier
ruf ich deine Seele
und
halte deinen Tod
in Händen
wie einen reinen
Edelstein

Gib Zeichen

Laß uns
zusammenschmelzen

Mit
roter Seide
die Angst vertreiben
die uns
hemmt

Mit
Fingerspitzen rühre ich
deine Seele an
Klares Wasser
das mein Traumbild
spiegelt

Im rötlichen Himmel
entgleitet
der scharlachglühende Ball

Warten
auf den Sturm
deiner Stimme
die mich
im Glück
erwürgt

Wir warten
am Erdrand
auf das
Ereignis aus Feuer

Mondfetzen
in Dornenklauen

Blitzhieroglyphen

Wir warten
aufs Wort

Sitzen
im Leeren
zwischen
Erde und Mond

und warten

Ich bin mit Füchsen
gesegnet
sie zünden die Zeit
mir an

der Spiegel weint silberne
Tränen
die aus meinen Augen
strömen

Bald ist es vorbei
doch ich frage mich
besiegt mein
Aug die Sonne

Krähenschrei
Schnee wächst wie eine Blume
Winterkälte
wie einst in Czernowitz
Meine Gedanken erfrieren

Mit einem roten Knoten
verbünde ich die Heimatländer
die sich in Schatten
um meine Träume legen
Meine Hand hält den
kalten Himmel
die Sterne sind erfroren

nur
das tote Hündchen
meiner Kindheit
liebt mich

Mich trösten
kindliche Träume
und manchmal
ein bißchen Musik

das Walzerblut ist
schon geronnen

die Mutter sagt
Liebling
vergiß

Mit erznen Schwüren
flieg ich zum Horizont
Sterne zu belauschen

Schenkt mir den Glanz
eurer Augen
vor meiner Wiedergeburt

Mit Zwergen
und mit Riesen
kämpfen
ist meine
nackte Leidenschaft
sie kommen
nachts
zu mir
mit Träumen
gut und böse

so muß es
sein

Amseln
ich streue Brot
bald
ist es Frühling
die Vögel
schwirren mir zu

Ich kann
das Bett nicht verlassen
so
fliege ich hoch
in den Raum
mit den emsigen Amseln
von Wolkenblitzen
beschützt

Säule Schneemann
auf einer weißen
Wolkenbank
Es regnet Eis
auf einen kargen
Winterrest
Krähen tanzen
im Fenster
Ihr Schrei
ein Liebeslied
und
in der Ferne
schwärmen Bienen
um eine bunte
Blumenwelt

Mond
Traum

Die weise
tote Mutter ist
wieder aufgewacht.

Mit Moses durch die Wüste
wir backen
Osterbrot

Vergiß und trink
Regenwein

Sternensturz
Nur schöner Schein
Ich spreche
und sollte
Seher sein

Was ist
meine Aufgabe
ein Abenteuer
oder Wortgespinste
die Sterne
schweigen und tanzen
Fächer
um meine Stimme

Nach dem
Feuertanz
die Asche
scharfer
Sensenschnitt
nie wieder
tanzen
nie
sehen

die Toten
wann
kommen sie
wieder

Freund
du warst
ein Irrtum
tausend Briefe
ohne Wahrheit
das Mohnspiel
deiner Lippen
deine Ohnmacht
setzt mich
matt

Weiter wandern

der Tod
wird den Verlust
verstehn

Neue Zeichen
brennen
am Firmament

doch

sie zu deuten
kommt kein Seher

und

meine Toten
schweigen tief

Vor den Garben
kniet ich
bei Sonnenuntergang

um dich zu sehen

Wir Kinder aus
Heuduft
im Wirbel
verirrt
hielten uns
an den Hüften
und
sangen ein
Todesgebet

Ich bin
in ein purpurnes
Glas genäht

Seine Sprünge
sind meine Träume

Der letzte Tod
hat
mich fast umgebracht

Ich warte
auf das neue Sterben

Mein Heimweh
ist ein Stacheltier

Ich werde wund
und aggressiv

Im höchsten Haus
von Ungefähr
liege ich in der Sonne
und verliere
mein üppiges Haar

Komm
Nordwind
rette mein Gesicht

Die Maus
hat ihre
Federn verloren

Der Hase
seine Flügel

Heimtücke

Warum
überleben
in den
kahlen Zellen
der Nacht

Ich
liebe dich
schnurrender Mord

Fixiert
in deinen
kalten Blick

Laß sie
mich spüren

deine
Krallen

Ich
fühl es

Ich bin
Don Quichotte

Kämpfe tapfer
um ein Wort

Sancho Pansa
wie
mein Schatten

Der
Zweifel kommt

Stech
ihn tot

In der Sänfte
gleite ich
durch Wüstensand

Strand Israels

Gebannt
doch
fremd

Meer und Blitz
ein kurzes Glück

Das Bett
holt mich
immer
zurück

Ich liege
mit der Mondsichel
im Atem
so lädt
der Himmel mich ein
die Nacht dröhnt
schwarz und ohne
Sterne
in meinen
Trauertraum

Wenn
die Sterne finster werden
läuft meine
tägliche Lebensstunde ab

Meine abertausend
Himmelsfreunde schweigen

Wir schöpfen
den Wein des Lichts
Er ist herb
wie eine
finstere Frucht
die uns
nicht trösten will

Ich
Mosestochter
wandel durch die Wüste

Ein Lied
Ich hör
Sand und Steine weinen
Hungersnot

Ich habe
noch nicht aufgehört
zu sterben

Wangen margeritenweiß

Noch sagt
mein Ichwort
du
Noch sind
wir Freunde

ein Lebenshauch

Auf dem Kahn
gleiten
durch öde Zeit

Feiern
mit den sieben Zwergen
hinterm Bukowiner Berg

Pakt
mit der
Zukunft

Alte Worte
blühen
Vergangenheit

Sein
Sonnenname
Sein
Wunderwort

Er
hat mich
verraten

Liebe und Haß

Er ist tot

Ich
vergesse ihn immer
und
bleibe ihm treu

Schwebend
auf Weltenbahnen
Wartend
auf ein Wunderwort

Schweigen

Ich bleib
stumm

Engel
warum
hilfst du nicht

Nebelwogen

Pappelwipfel
im Blick

Ausgestreckte Hand
mein
Rückzug ins Nichts

Goldgehäuse
aus
Vogelruf und Spinnenweb

Warten
auf ein
Osterzeichen

das
meiner Schwermut
Flügel leiht

Ich spanne
eine Seufzerbrücke
Schwermut Erinnerung
führt mich
an das Grab
meines Vaters
in meiner
Vaterstadt

ich pflanz
eine brennende Aster
lösche mit Schnee
und
weine

Treffer
auf
Treffer

Ich kann
meine Wunden
nicht zählen

Schweig Mond
verrate mich
nicht

Sadagora
Hof des Wunderrabbi
betende Scharen
erzählte Wunder

Bedeutende Märchen
fürwahr
ich glaube
sie gern

Komm Stern
gib Zeichen
Lächle Rabbi

Freundschaft
mit der Mondin

Sie versteht
mich gut

Beschwor sie
um einen
feinen Vers

Ich
warte noch

Mit seidensanftem Leuchten
grüßt mich der Mond
wir sind Freunde
er erzählt
mir Märchen
ich danke ihm
mit einem Vers

Ich wohn
auf einer Toteninsel
mit einem Gelichter
von Wölfen
sie geben mir Milch
und Fruchtbäume
sind mein Brot

Mutter
vergiß daß wir uns
verloren haben
du findest dich jede Nacht
in meiner Traumgüte
und
ich werde
wieder jung

Zeichen
aus dem Ginsterland
Wunder
spielst mir den
Frühling in die Hand

Das
Traumkrokodil
kommt wieder
wie der April
es befiehlt
wir spielen
am Ufer des Herzsees
zwei Kinder
ohne Arg

Toben
im
kühlen Revnawald
im Grünpruth
baden
Kirschen stehlen
kinderwild

Du sagst
vergiß

Doch so etwas
vergißt man nicht
es war
das Schönste
meines Lebens

Der Freund
ist tot

Ich
spiele noch

Komm Engel
treib uns
ins Paradies

Dort sind wir
zwei winzig
kleine Blumen

Der Sommer
feiert Geburtstag

Blitz und Kristall
sein
Gewand

Nimm
ihn auf
im Traumhaus

Mit
hartem Griffel
zeichnete ich
das Lied

Alles
neu macht der
Mai

Ich
singe es

wenn
ich
sehr
einsam
bin

Hörst du
mit heller Stimme
singt die Lerche Lieder
in meinen Schlaf

Ich warte
auf den Duft
der Erinnerung

Die Luft
spielt meinen
Atem

Ich bin
wieder Kind
mische Farbe
für
einen Ball

Zwischen
rot und grün
tanzt ein Spatz
und sucht das Brot
das ich streu

Seine zarte Stimme
ist eine Mahnung
Atme
ein Gedicht
an die Luft

Ich
bin
eine Koralle
im Meer der
Erinnerungen
und warte
auf den Wind

Prinzessin
fisch mich auf
leg mich
um deinen Hals

Das wär
mein Glück

Träge
taumelnd

Die Meilensteine
weit

Mein langsames
Lied

träumend
von
Ende und Beginn

Zwielicht
eines Gewitters
Wolken aus Glas
tanzen
spielende Vögel
im Fenster

Harmonie

Vergiß
die Härte
Verzeih
das Übel

Liebe
deine Toten

Von Himmel zu Himmel
ich fliege
werfe Wolken ins Licht

Umringt von Feuervögeln
atme ich
Gedicht um Gedicht

Ich gehe
im Bett
spazieren

Am Ufer des Ganges
und zur
Mauer Abazzia

Mein Herz
liegt in der
rostigen
Hülle der Trauer

Meine Wege
führen ins Wunder

Wenn
wieder
Jugend grüßt
reite
auf einem
weißen Zirkushengst

In der Arena
liegen
Sonnenblumen

Höre
den Trompetenruf
der rote Hahn
fliegt
ins Maiwunder

Aus dem
Halbmond
strömt Nebelnacht

Grüner Glücksstern
wache
Sei nicht töricht
Stark
ist die Brücke
in
dein Land
aus Licht und
Schweigen

Keine Gefahr

Sternensturz
aus der
Schwärze des Himmels

Mondlied
trifft mein Herz

Nacht
hat meine
Angst gelöscht

Ich warte
heiter
auf den Tag

Ich bin
mit jedem Du
verwandt

Eingeweiht
in das Geheimnis
aus dem
Wörterreich

Das Echo
deiner Stimme
von Stern
zu Stern

Dein Schweigen
singt
eine sanfte
Melodie

Lilienbach
und
Abendwiese

Trinke
Duft und Wasser

Tanze
blaue Walzer

Liebe ihn

Nur ein Traum
Nur ein Traum

Trauer
der Taube

Schattenkreuz
über
dem Herzen

Wie
ein wilder
Pilz im
atemlosen Raum

In der
Asche der
Angst

demütig
leichter leiden

Zauberzeichen
aus dem
erhabenen Sternenreich

Kommen
Worte
so
weine ich

vor Freude
daß ich
singen darf

Genug
Herz verschleudert

Hüte
deine Lippen

Büße
für uralte
Sünden

Trage mich
in den
Sternenkranz

Gib mir
ein Schiff
aus weißen
Wolken
am Tiefmeer
meiner
Einsamkeit

Ich werde
hundert Jahre
sterben

Ich bin
bereit

Der
Nordwind
umarmt meine
Angst

Hab
den Anker
in den Himmel
geworfen

Sternenmoos
bettet mich

lebenslänglich

Hab
alle Gesetze
gebrochen
von
Unordnung zu Unordnung

Hab
gelernt durch
Wände zu gehen
Wolken zu
durchqueren
jenseits der
Himmel

Jenseits
der Silben
quält mich
Stille

Wenn
ich dir
wiederbegegne
auf der Wiese
im Mond
wirst du
drei Worte sagen

Drei Worte wie einst

Ein Wunder
Wir starben
und leben doch

Traum
einer Kindheit
und
Wiedergeburt

Mit
Vineta in das Meer
versunken

Mit
den Walen Bruderschaft
getrunken

Sprich Herr
dein heiliges Werde

Ich
freue mich
auf Sonnenschein

Rad
aus Wolkenerz

Zeigerblitz
der mich
nicht lieben
will

Blütenatem
wo
der Frühling
singt

Ich schwöre es
das Losungswort
heißt
Liebe

Ich werde
die Nüsse
nicht zählen
die der Wind
verstreut

Werde nicht
hoffen
auf das
Wunder Blau

Erwarte
keine Antwort

Nichts
hat sich
geändert

Nichts
bleibt wie
es ist

Rot ist der Sand
mein Atem so
trocken
wie Blei

Der Deuter schläft
einen unendlichen Schlaf

Wir liegen im Lehm
die Flügel gelähmt
die Nacht
entführt uns
die Sterne

Hier sind wir
hier halten wir
Ausschau
hier warten wir
auf eine Zukunft

Kommt
der König des Karnevals
in meine
Augenweide

Will mich
zur Königin krönen
auf der
Straße feurigen Schnees

Vergiß mich
König
ich bin
ein trockener Baum
trage
keine Krone mehr

Führ uns
aus der Arktis
gefrorener Zeit
Moses
rette uns
vor dem
Schlangengeschlecht

Wir wollen leben

Gib uns
wieder
Glieder Augen und Haar
eine Welle Wärme
ein Sternentuch
Lampenlicht und Mutterlied

Ich
liege
im Schatten
und
träume Sonne

Träume
unter einer Wolke
Himmelsblau

Träume die Wolke
träume das
Feuer der Sonne

Träume mich

Auf der Flucht
übernachten
im Sternenlager

Kein Heim
keine Tonne

Am Kai
stehen Schiffe

Länder in der
Tasche
Kupferfliegen
auf der Haut

Das Gold
begraben im Berg

Wir haben
Steppen und Ozeane
Wellen und Hagel
kein Heim
keine Tonne

Orte aus Rauch
ohne Atem und Glanz

Ein Zigeuner geigt
in grüner Watte
jenseits des Zauns

Die Sonne rollt
in Sternenasche
ihr Schatten fällt
auf vergessene Namen

Auf der Sichel
reite ich

ströme
durch Venedigs Paläste

benetze
den Farn

Tautropfen
und Magie

Zaubernacht

Im
Glaswald verirrt
das Gesicht
verloren
Narziß

Wiederholung
im See
wiedergekaut
von den Wellen

Im
Quecksilber gefangen
gestückeltes Lachen

Nein
du bleibst
keine Sekunde
unversehrt

Vertraut
mit dem
Rosenschlaf
gerüstet
gegen die
Flügel der Mühlen

Wir
ziehn durch
das Nadelöhr

Regimenter
zwischen
Sommer und Herbst

Die Sonne
der Regenbogen
die Nacht

Wenn der Schock
kommt
das Herz stockt
der Raum brennt

Gib mir Licht

Flugsand
die Stadt steht
im Blitz
die Glocke
geht
mit dem Donner unter

Verzweifeltes Lachen
von Ast zu Ast
erdrosselte Amseln
im Arm
den Schuh voll
Blut

Starr wie der Stern
der hölzerne Totem
wacht

Auf
den Schalen
meiner Kummerwaage
liegt dein Tod

Schließ
den Kreis

Magnetisch
zieht dein Lied
mich an

Pfauenglanz
Sternenfall

Wimpernschlag
Hauch
im Mai
sag Wahrheit mir

Wann
war ich eine
Möwe
wann hab ich
das Salz umworben
wann ein Schiff
geküßt

Äonen sind versandet

Jetzt
liegt die Sekunde
wie ein gefällter Baum
vor meinem
Haus aus Eis

Dunkle Legende
von Blut zu Blut
vom Abend
an deine Schläfe
gelegt

Zwiesprache
zwischen dir
und der Nacht

Im August
jenseits der Türme
wo die ruthenische
Bäuerin
Früchte trägt

Durch ein
Sternenfeld
schreiten

Taumel
einer
Silberzeit

Worte vom
Horizont

in meiner
offenen Hand

Weise
Sternendeuter
sucht
meinen Stern
des Glücks

Findet
sein Funkeln
seinen
rettenden Glanz

Sturz und Verlöschen
Rauch und Sand

Gib auf

Der Traum
lebt
mein Leben
zu Ende

Nachwort

In Rose Ausländers späten Gedichten ist ein immer häufiger wiederkehrendes Motiv die Zeit. Die ersten und die letzten Worte dieses Buches gelten ihr. »Noch ein Tag...« – ein fast flüsterndes Sprechen setzt ein. Der Tag kann zu einem Buch werden. Zeit macht die Dinge »namhaft«. Einfache Worte für eine komplexe Erfahrung. An anderer Stelle spricht sie sich in der Paradoxie aus: »Unendlichkeit / der Sekunde«.
Die Paradoxie gehört zu den bevorzugten Ausdrucksmitteln Rose Ausländers. Ein erstaunliches Beispiel: »Der Tod / macht mich / unsterblich«. Sie erreicht mit solchen Formulierungen, daß im Leser das Bewußtsein von der erstarrten Formelhaftigkeit geweckt oder wachgehalten wird, mit der wir uns gemeinhin verständigen. Das Gedicht ist ein Ort, an dem nichts mehr selbstverständlich ist; an dem die sonst im Dunkel bleibende Rückseite der Sätze erkennbar wird.
Die Autorin macht das in ihren besten (nicht in allen) Stücken jeweils auf die knappste Weise deutlich. Ihre Gedichte waren schon immer Gedichte der wenigen Worte. In ihren letzten Jahren fand sie oft zu einer äußersten Reduktion. Ihre Arbeiten »entwickeln« nicht, was in den Strophen zum Vorschein kommen will, folgen nicht den Verzweigungen, sondern haben oft Spruchcharakter, wirken als »Zusammenfassungen«; sind, »ausgewandert / aus dem Kinderlied«, nicht selten zu »Inschriften« geworden.
Im Zusammenhang damit will auch die Art verstanden sein, in der Rose Ausländers Trauma – Verfolgung, Exil – Sprache wird. Die Zeilen sind oft fast tonlos, bündig, beredt und schweigsam in einem. »Wundgeschlagen« ist ein kennzeichnender Titel. Das Entsetzen bleibt gegenwärtig. »Die Mänaden / haben uns nicht verlassen«.
Wie schwierig das Weiterleben wird, zeigen etwa folgende Zeilen:

> Ich sage allen
> bleibt mir vom Leibe
> aber seid da
> ohne euch
> kann ich nicht leben
>
> kommt
> und vergeßt mich

Einige der Kennzeichen der Arbeiten Rose Ausländers sind ihre Durchsichtigkeit, ihre Konzentration auf Grundworte der Poesie, auch die Vorliebe für ungewohnte Substantivbildungen (Mitternachtsberg, Sternenwald, Lichtnadeln, Weißtraum, Dornengedicht, Adersprache, Wanderatem, Gesterngrün, Siebenmeilenschlitten u. a.), vor allem aber der aus der existentiellen Erfahrung resultierende Ton:

> Ich mache
> einen eigenen Raum
> aus Luft und Atem
>
> Da wohne ich
> in meinem Untergang
> und unterhalte mich
> mit Fischen

Die Möglichkeit, dazusein, hing für Rose Ausländer in immer stärkerem Maß am Gedicht. Es bot ihr Zuflucht. Zurückgezogen lebend, lange gefesselt an ihr Krankenzimmer, war sie angewiesen auf die Worte (die sie »anschauten«, wie es einmal heißt), auf imaginäre Existenzformen (»Ich bin / ein Eiszapfen / eine Fichte«), auf die »Leiter aus Luft«, mit der sie ihrer Misere für Augenblicke zu entkommen hoffte; auf den »Tausendfüßler Traum«, dem sie sich anzuvertrauen lernte, der ihr »Länder zu Füßen« legte. Das letzte Gedicht dieses Buches, auf dessen Seiten, in dessen Stille und »finsterem Licht« Gedanken Spinozas oder Bilder Paul Klees anwesend sind, lautet:

> Der Traum
> lebt
> mein Leben
> zu Ende

Walter Helmut Fritz

Editorische Notiz

Wie sich Rose Ausländer die Gedichte des Bandes *Ich spiele noch* erarbeitete, habe ich miterlebt. Da sie wegen ihrer durch Arthrose verkrüppelten Hände nicht mehr schreiben konnte, diktierte sie mir von Anfang 1985 bis Juni 1986 ihre letzten Texte. Nacht für Nacht machte sie sich in kleinen Heften Notizen – in einer Kürzelschrift, die nur sie entziffern konnte und die ihr im Hinblick auf das spätere Diktieren eine Gedächtnisstütze war. Ich ließ die »Arbeitsfassungen« schreiben und brachte sie zurück, notierte die Veränderungen und Überarbeitungen und sammelte und datierte die schließlich als »fertig« eingestuften Gedichte. Rose Ausländers letztes, im Juni 1986 geschriebenes Gedicht setzte einen Schlußpunkt: »Gib auf // Der Traum / lebt / mein Leben / zu Ende«.

In einem eindrucksvollen Kraftakt überarbeitete Rose Ausländer im Juni 1986 noch einhundertzwanzig Gedichte, die zwischen 1965 und 1978 entstanden waren. Dabei änderte sie diese Texte so stark, daß sie mit den Gedichten aus *Ich spiele noch* eine Einheit bilden. *Der Traum hat offene Augen* erschien im Februar 1987 als Originalausgabe im Fischer Taschenbuch Verlag. Dieser Band stellt mit dem zeitgleich bei S. Fischer veröffentlichten Buch *Ich spiele noch* einen Höhepunkt im Schaffen Rose Ausländers dar und schließt ihr Werk ab.

Die Gedichte beider Zyklen wurden in den siebten Band der Gesammelten Werke Rose Ausländers *Und preise die kühlende / Liebe der Luft – Gedichte 1983–1987* aufgenommen, der 1988 bei S. Fischer in Frankfurt am Main erschien.

Helmut Braun
Lanzarote, November 1992

Zeittafel

1901	Rosalie Beatrice »Ruth« Scherzer wird am 11. Mai in Czernowitz/Bukowina (Österreich) geboren.
1907–1919	Schulbesuch Volksschule, Lyzeum Czernowitz und Wien.
1916–1918	Kriegsbedingter Aufenthalt in Wien.
1919	Matura in Czernowitz Seit 1919 intensive Beschäftigung mit der Philosophie (Platon, Spinoza, Constantin Brunner). Mitglied im Ethischen Seminar in Czernowitz.
1919/1920	Studium der Literatur und der Philosophie an der Universität Czernowitz.
1920	Der Vater stirbt.
1921	Im April Auswanderung in die USA zusammen mit Ignaz Ausländer.
1921/1922	Aufenthalt in Minneapolis/St. Paul und Winona. Hilfsredakteurin bei der Zeitschrift *Westlicher Herold* und Redakteurin der Kalenderanthologie *America Herold* (bis 1927). Hier publiziert sie ihre ersten Gedichte.
1922	Ende des Jahres Übersiedlung nach New York.
1923	Bankangestellte. Am 19. Oktober Heirat mit Ignaz Ausländer.
1926	Erhalt der Staatsbürgerschaft der USA. Gründungsmitglied des Constantin-Brunner-Kreises in New York.
Ende 1926	Trennung von Ignaz Ausländer.
1927	Einmonatiger Besuch bei Constantin Brunner in Berlin.

1928	Pflege der erkrankten Mutter in Czernowitz. Danach Rückreise nach New York.
1930	Am 8. Mai Scheidung von Ignaz Ausländer.
1931	Anfang des Jahres Rückkehr nach Czernowitz (Rumänien) zusammen mit dem Graphologen Helios Hecht, mit dem sie in den Folgejahren zusammenlebt.
1931–1936	Gedichtpublikationen in Zeitungen, Zeitschriften, Anthologien, journalistische Tätigkeit, Übersetzungen, gibt Englisch-Unterricht.
1934	Aberkennung der amerikanischen Staatsbürgerschaft wegen dreijähriger Abwesenheit aus den USA.
1936	Trennung von Helios Hecht. In den Folgejahren überwiegender Aufenthalt in Bukarest. Arbeitet in einer chemischen Fabrik.
1939	Reisen nach Paris und New York. *Der Regenbogen*. Rose Ausländers erste Buchpublikation, erscheint in Czernowitz.
1941–1944	SS-Truppen besetzen Czernowitz. Rose Ausländer wird im Getto der Stadt gefangengesetzt und darf nach Auflösung des Gettos die Stadt nicht verlassen. Zwangsarbeit, Todesnot, Kellerversteck. Sie lernt Paul Celan (Paul Antschel) kennen.
Frühjahr 1944	Im Frühjahr besetzen russische Truppen die Bukowina. Die jüdische Bevölkerung wird befreit. Rose Ausländer arbeitet in der Stadtbibliothek von Czernowitz.
1945	Im Dezember Ausreiseantrag nach Rumänien.
1946	Im August Ankunft in Bukarest.

	Im September über Marseille Ausreise nach New York.
1947	Die Mutter stirbt in Satu Mare, Rumänien.
bis 1961	Arbeit als Fremdsprachenkorrespondentin bei der Spedition Freedman & Slater, New York.
1949–1956	Rose Ausländer schreibt ihre Gedichte ausschließlich in englischer Sprache.
1957	Von Mai bis November Europareise, zeitweise mit Miriam Grossberg. Drei Treffen mit Paul Celan. Reisestationen: Rotterdam, Paris (und Frankreich), Italien, Griechenland, Spanien, Norwegen, Wien (und Österreich), Schweiz, Paris, Amsterdam.
1961	Am 8. Dezember endet krankheitsbedingt die Tätigkeit bei Freedman & Slater.
1963	Im Mai Reise nach Wien, wo der Bruder und dessen Familie aus Rumänien kommend im Flüchtlingslager eingetroffen sind.
1964	Vierwöchiger Aufenthalt in Israel. Kurze Rückkehr nach New York zur Vorbereitung der endgültigen Übersiedlung nach Wien.
1965	Übersiedlung in die BRD, nach Düsseldorf. *Blinder Sommer*, Rose Ausländers erste Buchpublikation seit 1939, erscheint in Wien.
1966	Rente und Entschädigung als Verfolgte des Naziregimes.
bis 1971	Zeit des Reisens in Europa. 1968 letztmalig für sechs Monate in den USA.
1966	Silberner Heine-Taler des Verlages Hoffmann und Campe, Hamburg.

1967	Droste-Preis der Stadt Meersburg.
	36 Gerechte
1972	Endgültiger Einzug ins Nelly-Sachs-Haus, das Elternhaus der jüdischen Gemeinde in Düsseldorf.
	Inventar
1974	*Ohne Visum*
1975	*Andere Zeichen*
1976	*Gesammelte Gedichte*
	Mit diesem Band beginnt die Zusammenarbeit mit dem Literarischen Verlag Braun, Köln.
	Noch ist Raum
1977	Ida-Dehmel-Preis der GEDOK
	Gryphius-Preis
	Letzte öffentliche Lesung anläßlich der Preisverleihung.
	Zur Eröffnung der Ausstellung »Rose Ausländer« im Heinrich-Heine-Institut, Düsseldorf verläßt die Autorin letztmalig das Nelly-Sachs-Haus.
	Doppelspiel
	Selected Poems (London, erste Auslandsausgabe)
1978–1988	Bettlägerig.
1978	Ehrengabe des BDI.
	Aschensommer (erstes Taschenbuch)
	Mutterland
	Es bleibt noch viel zu sagen
1979	*Ein Stück weiter*
1980	Roswitha-Medaille der Stadt Bad Gandersheim.
	Die Zusammenarbeit mit dem S. Fischer Verlag, Frankfurt am Main, beginnt.
	Einverständnis
1981	*Mein Atem heißt jetzt*
	Im Atemhaus wohnen

	Einen Drachen reiten
1982	*Mein Venedig versinkt nicht*
	Südlich wartet ein wärmeres Land
1983	*So sicher atmet nur Tod*
1984	Literaturpreis der Bayerischen Akademie der schönen Künste.
	Die Herausgabe der Gesammelten Werke (GW) im S. Fischer Verlag beginnt.
	Hügel / aus Äther / unwiderruflich (GW Band 3)
	Im Aschenregen / die Spur deines Namens (GW Band 4)
	Ich höre das Herz / des Oleanders (GW Band 5)
1985	*Die Sichel mäht die / Zeit zu Heu* (GW Band 2)
	Die Erde war / ein atlasweißes Feld (GW Band 1)
	Ich zähl / die Sterne meiner Worte
1986	Literaturpreis des Verbandes der Evangelischen Büchereien für *Mein Atem heißt jetzt*.
	Wieder ein Tag / aus Glut und Wind (GW Band 6)
1987	*Ich spiele noch*
	Der Traum / hat offene Augen
1988	Am 3. Januar stirbt Rose Ausländer in Düsseldorf im Nelly-Sachs-Haus. Sie wird auf dem jüdischen Friedhof im Nordfriedhof in Düsseldorf beerdigt.
	Und preise die kühlende / Liebe der Luft (GW Band 7)
1990	*Jeder Tropfen / ein Tag* (GW Band 8)
	Mit diesem Band liegt das Gesamtwerk Rose Ausländers vollständig vor.

Alphabetisches Verzeichnis nach Gedichttiteln

Alles war schon   52
Als ich / aus der / Kindheit floh   157
Am Himmel / die künstlichen Vögel   153
Am Rand III (Wir blühen uns zu)   128
Amseln / ich streue Brot   177
Antrieb   51
Arglos   83
Auf dem Kahn / gleiten   195
Auf den Eisfenstern / blühten die Blumen   164
Auf / den Schalen / meiner Kummerwaage   245
Auf der Flucht   50
Auf der Flucht / übernachten   238
Auf der Sichel / reite ich   240
Aufatmen / wenn die Gefahr sich verbirgt   139
Augen II (Augen traf ich / von ungefähr)   127
Aus dem / Halbmond / strömt Nebelnacht   220
Aus der Sonne / fallen Bienen   150
Aus fernen Welten / fallen Worte   158
Ausgangspunkt   84

Baukasten   126
Bilanz   48
Briefe III (Brief aus Rosen)   124

Da wohne ich   47
Das / Traumkrokodil / kommt wieder   207
Das Weiß einer Säule / aus dem weißen Athen   152
Das Wort II (Es klopft nicht an die Tür)   123
Dein Eigentum I (Atem holen / aus dir / Erde)   45
Dein Eigentum II (Das fremde Leben / dein eigenes Reich)   46
Dennoch Rosen / sommerhoch   131
Dennoch vereint   44
Der Auferstandene / küßt   156

Der Mond II (Ehernes Gesetz / abgeblättert) 87
Der / Nordwind / umarmt meine / Angst 228
Der Sommer / feiert Geburtstag 210
Der Weg 27
Die / Finsternis wächst 133
Die Maus / hat ihre / Federn verloren 187
Die Nacht beleben 43
Die Sonne / der Regenbogen 243
Die Spitze 121
Die Tage des Schweigens / sind noch nicht vorbei 163
Dornen 88
Du warst / kein Versprechen 138
Dunkle Legende / von Blut zu Blut 247
Durch ein / Sternenfeld / schreiten 248

Einverleibt 42
Es war einmal IV (Es war einmal / ein Ganzes) 89

Falle 90
Finden IV (Tiefe Trauer / helle Freude) 91
Flugsand / die Stadt steht / im Blitz 244
Frage 41
Fremder 86
Freude II (Gefieder / durchsichtig) 93
Freund / du warst / ein Irrtum 182
Freundschaft / mit dem / Mondmann 161
Freundschaft / mit der Mondin 203
Frisch färben 94
Frost I (Im Siebenmeilenschlitten) 40
Führ uns / aus der Arktis 236

Geburtstag II (Elf Maikäfer / haben mich geboren) 39
Gedächtnis II (Steine / zählen deine Schritte) 59
Gegen den Strom 120
Genug / Herz verschleudert 226
Gib auf 250
Glasscherben 38

Gleichgewicht 56
Goldgehäuse / aus / Vogelruf und Spinnenweb 199
Grüne Kräfte 37

Hab / alle Gesetze / gebrochen 229
Halte sie fest 95
Harte Musik 96
Heimleuchten 119
Herbstlich II (Am Morgen / öffnen Fenster) 36
Hereingefallen / sind wir 135
Hinauf 97
Hörst du / mit heller Stimme 212
Hoffnung VI (Das erinnerte Heim) 35

Ich / bin / eine Koralle 214
Ich bin / in ein purpurnes / Glas genäht 185
Ich / bin Kain 140
Ich bin mit Füchsen / gesegnet 171
Ich bin / mit jedem Du / verwandt 222
Ich bin / schon lange verschollen 154
Ich danke / den Göttern 151
Ich / eine kleine Blume 143
Ich entdecke / im Herzen der Sonne 160
Ich / fühl es 189
Ich gehe / im Bett / spazieren 218
Ich habe / noch nicht aufgehört 194
Ich lausche / dem Monolog des Mondes 142
Ich / liebe dich / schnurrender Mord 188
Ich / liege / im Schatten 237
Ich liege / mit der Mondsichel 191
Ich / Mosestochter 193
Ich sammle / meine Verluste 149
Ich schmücke / einen Osterbaum 162
Ich spanne / eine Seufzerbrücke 200
Ich war / ein Vogel 165
Ich werde / die Nüsse / nicht zählen 233
Ich wohn / auf einer Toteninsel 205

Ich wohn / auf einer Zauberinsel 159
Im All 34
Im Bild 69
Im Dialog 75
Im / Glaswald verirrt 241
Im Leuchtfeuer des Abendrots 134
Im Mund des Mondes / wachsen Legenden 167
Im Regenrock 33
Im Sommer / hör ich die Bienen 147
Im Spiegel 32
Immer neu 85
Immerzeit 125
In das Mondhorn / blase ich 166
In der Sänfte / gleite ich 190

Ja und Nein 31
Jenen / verlorenen Zeiten 148

Keine Gedichte / im Augenblick 137
Körper II (Der Wind kennt / alle Richtungen) 118
Komm Engel / treib uns 209
Kommt / der König des Karnevals 235
Krähenschrei / Schnee wächst wie eine Blume 172

Letzte Wiederkehr / ins Nichts 144
Leuchten 117
Lilienbach / und / Abendwiese 223

Marienkäfer 160
Mein Heimweh / ist ein Stacheltier 186
Melancholie 30
Mich trösten / kindliche Träume 174
Mir selber begegnen 113
Mit den holprigen Jahren / wachsen die Wände 155
Mit einem roten Knoten / verbünde ich die
    Heimatländer 173
Mit erznen Schwüren / flieg ich zum Horizont 175

Mit / Fingerspitzen rühre ich   169
Mit Habgier / ruf ich deine Seele   168
Mit / hartem Griffel   211
Mit seidenhaftem Leuchten   204
Mit / Vineta in das Meer / versunken   231
Mit Zwergen / und mit Riesen   176
Moirisch   54
Mond / Traum   179
Morgens / eine Nachtigall   146

Nach dem / Feuertanz   181
Nägel   116
Namenlos   70
Nebel IV (Verschwommene Tage)   114
Nebel V (Aus weißer Wolle / die Stadt)   115
Nebelwogen / Pappelwipfel   198
Neue Zeichen / brennen   183
Nicht immer   76
Nichts / tröstet   141
Nimm ein Licht   53

Orte aus Rauch / ohne Atem und Glanz   239

Paul Klee II (Das Liniennetz / magnetisch)   71
Perlen   28
Rad / aus Wolkenerz   232
Recht   78
Rot ist der Sand   234

Sadagora / Hof des Wunderrabbi   202
Säule Schneemann / auf einer weißen /
    Wolkenbank   178
Schattenspiel   98
Scheinrot   99
Schwebend / auf Weltenbahnen   197
Sein / Sonnenname / sein / Wunderwort   196
Seinen Ort finden   26

Sicht   25
Siebzig   100
Singen   72
So   24
Staunen I (Bäume und Gras)   101
Sternensturz / aus der / Schwärze des Himmels   221
Stilleben V (Zufällig / diese Anordnung)   49
Sünder   77

Tag Nacht   57
Tagebuch   23
Tausendfüßler   102
Toben / im / kühlen Revnawald   208
Tonfall   103
Träge / taumelnd   215
Trage mich / in den / Sternenkranz   227
Trauer / der Taube   224
Traumsicher   21
Treffer / auf / Treffer   201

Über Bäume   104
Unter einer Decke   20
Unverrückbar   19
Urteil   18
Urwort   22

Verborgenes Licht   58
Verbrannt   29
Vergessen II (Ich hab / mich vergessen)   17
Vergiß / meine ängstlichen Gesten   145
Verlieren   92
Verschüttet   15
Vertrauen I (Vertrau dem Abend)   74
Vertraut / mit dem / Rosenschlaf   242
Verwandter Träumer   105
Verweile nicht   12
Vielleicht III (Wenn die Zeit sich versteckt)   11

Vom Leben gefressen   10
Von Himmel zu Himmel / ich fliege   217
Vor den Garben / kniet ich   184

Wandelbar   16
Wann III (Noch ein Tag und / noch ein Jahr)   9
Was ist es   14
Was ist / meine Aufgabe   180
Wege   61
Wehrlos   55
Weise / Sternendeuter   249
Wellen   62
Wenn / die Sterne finster werden   192
Wenn du liebst   63
Wenn / ich dir / wiederbegegne   230
Wenn / wieder / Jugend grüßt   219
Wer unterscheidet   79
Wie schnell   106
Wie viele   64
Willst du   112
Wimpernschlag / Hauch / im Mai   246
Winter IV (Eisblumen Schnee / jene Schlittenpartie)   107
Wintersonne   108
Wir / haben uns nichts vorzuwerfen   136
Wir / träumen Schlaraffenland   132
Wir waren / am Erdrand   170
Wo I (Wo ist mein Paradies)   67
Wo der Gedanke   110
Wo du uns findest   65
Wohin II (Ich haltloser Elektronenkörper)   80
Wohin III (Wohin / sind die / herrenlosen Vögel)   109
Wolken   68
Wortmehl   111
Wunderwelt   81
Wundgeschlagen   13

Zahllose Augen 73
Zauberzeichen / aus dem / erhabenen
    Sternenreich 225
Zeichen / aus dem Ginsterland 206
Zerbrochen 82
Zeremoniell 66
Zuweilen 122
Zwielicht / eines Gewitters 216
Zwischen / rot und grün 213

Alphabetisches Verzeichnis nach Gedichtanfängen

Abend / verwandter Träumer   105
Alles war schon / Die Wunder sind verebbt   52
Als ich / aus der / Kindheit floh   157
Am Himmel / die künstlichen Vögel   153
Am Morgen / öffnen Fenster / graue Augen   36
Amseln / ich streue Brot   177
An der Regengrenze / Augenblicksworte   21
Atem holen / aus dir / Erde   45
Auf dem Kahn / gleiten   195
Auf den Eisfenstern / blühten die Blumen   164
Auf / den Schalen / meiner Kummerwaage   245
Auf der Flucht / übernachten   238
Auf der Sichel / reite ich   240
Auf der Suche / nicht   65
Aufatmen / wenn die Gefahr sich verbirgt   139
Augen traf ich / von ungefähr   127
Aus dem / Halbmond / strömt Nebelnacht   220
Aus der Sonne / fallen Bienen   150
Aus der Traufe / kommend   97
Aus fernen Welten / fallen Worte   158
Aus weißer Wolle / die Stadt   115
Ausgewandert / aus dem Kinderlied   13

Bäume und Gras / grüne Augenweide   101
Brief aus Rosen   124

Das erinnerte Heim / im Vergangenen   35
Das fremde Leben / dein eigenes Reich   46
Das Gespräch über Bäume   104
Das Liniennetz / magnetisch   71
Das / Traumkrokodil / kommt wieder   207
Das Weiß einer Säule / aus dem weißen Athen   152
Daß / jeden Augenblick / Gott stirbt und lebt   12

Dennoch Rosen / sommerhoch   131
Der Auferstandene / küßt   156
Der / Nordwind / umarmt meine / Angst   228
Der Sommer / feiert Geburtstag   210
Der Tag / ist mein Buch   23
Der Tag / sagt Brot   57
Der Wind kennt / alle Richtungen   118
Die / Finsternis wächst   133
Die Mänaden / haben uns nicht verlassen   51
Die Maus / hat ihre / Federn verloren   187
Die Sonne / der Regenbogen   243
Die Sterne der Blinden   19
Die Tage des Schweigens / sind noch nicht vorbei   163
Die Wendeltreppe / dreht sich   84
Diese Stunde kneten   90
Diese Wunderwelt / Luft Licht   81
Dieser Straßenlärm / oder ist es Musik   14
Dieses Auseinanderstürzen   126
Du einverleibt / dem Du   42
Du hast / zahllose Augen   73
Du warst / kein Versprechen   138
Dunkle Legende / von Blut zu Blut   247
Durch ein / Sternenfeld / schreiten   248

Ehernes Gesetz / abgeblättert   87
Eine Mauer schiebt sich / vor die andere   50
Einst waren wir / Eins   44
Eisblumen Schnee / jene Schlittenpartie   107
Elf Maikäfer / haben mich geboren   39
Es klopft nicht an die Tür   123
Es war einmal / ein Ganzes   89

Flugsand / die Stadt steht / im Blitz   244
Fremder verlasse / den verlorenen Ort   86
Freund / du warst / ein Irrtum   182
Freundschaft / mit dem / Mondmann   161
Freundschaft / mit der / Mondin   203

Frühling augenerfüllt 66
Führ uns / aus der Arktis 236

Gedanken aus Glas 82
Gefieder / durchsichtig 93
Gekommen zu sehen 25
Genug / Herz verschleudert 226
Gib auf 250
Goldgehäuse / aus / Vogelruf und Spinnenweb 199
Goldne Gespenster / Volle Kelche 78

Hab / alle Gesetze / gebrochen 229
Hereingefallen / sind wir 135
Hörst du / mit heller Stimme 212
Hungerworte / verschlingen 111

Ich behaupte alles 31
Ich / bin / eine Koralle 214
Ich bin / in ein purpurnes / Glas genäht 185
Ich bin mit Füchsen / gesegnet 171
Ich bin / mit jedem Du / verwandt 222
Ich bin / schon lange verschollen 154
Ich bleibe im Bild 69
Ich danke / den Göttern 151
Ich / eine kleine Blume 143
Ich entdecke / im Herzen der Sonne 160
Ich / fühl es 189
Ich gehe / im Bett / spazieren 218
Ich hab / mich vergessen 17
Ich habe / noch nicht aufgehört 194
Ich haltloser Elektronenkörper 80
Ich klage / zieh meine Klage zurück 18
Ich lausche / dem Monolog des Mondes 142
Ich lehne / an einer Wand 96
Ich / liebe dich / schnurrender Mord 188
Ich / liege / im Schatten 237
Ich liege / mit der Mondsichel 191

Ich mache / einen eigenen Raum   47
Ich / Mosestochter   193
Ich öffne mein Zimmer   99
Ich sage allen / bleibt mir vom Leibe   55
Ich sage ich / und weiß nicht   75
Ich sammle / meine Verluste   149
Ich schließe / den Himmel   60
Ich schmücke / einen Osterbaum   162
Ich spanne / eine Seufzerbrücke   200
Ich suche / die Grenze   110
Ich verliere mich / im Nichts   34
Ich war / ein Vogel   165
Ich werde / die Nüsse / nicht zählen   233
Ich wohn / auf einer Toteninsel   205
Ich wohn / auf einer Zauberinsel   159
Ich zog aus / das Leben lernen   121
Im / Glaswald verirrt   241
Im Leuchtfeuer des Abendrots   134
Im Mund des Mondes / wachsen Legenden   167
Im Regenrock / Blick beträndt   33
Im Siebenmeilenschlitten   40
Im Sommer / hör ich die Bienen   144
Im Spiegel verschoben / mein Gesicht   32
Im Spiel der grünen Kräfte   37
Im vergänglichen Trug   29
Immer neu / Blüte / Gras   85
In das Mondhorn / blase ich   166
In den Tag gehn   26
In den Wind geschlagen   116
In der Sänfte / gleite ich   190
In der Wintersonne   108
Irre / angeln / den Mond   119

Jenen / verlorenen Zeiten   148

Keine Gedichte / im Augenblick   137
Komm Engel / treib uns   209

Kommt / der König des Karnevals   235
Krähenschrei / Schnee wächst wie eine Blume   172
Kugel grüne / noch einen Tag   112

Längst sind die Toten / auferstanden   98
Laß mich finden / das Urwort   22
Laute Träume / weckten   94
Letzte Wiederkehr / ins Nichts   144
Lilienbach / und / Abendwiese   223

Manche Worte / strahlen   58
Mein Heimweh / ist ein Stacheltier   186
Melancholie / dein Suchen nach Menschen   30
Mich trösten / kindliche Träume   174
Mit den holprigen Jahren / wachsen die Wände   155
Mit den Wänden / um die Wette   103
Mit einem roten Knoten / verbünde ich die
    Heimatländer   173
Mit erznen Schwüren / flieg ich zum Horizont   175
Mit / Fingerspitzen rühre ich   169
Mit Habgier / ruf ich deine Seele   168
Mit hartem Griffel   211
Mit seidensanftem Leuchten   204
Mit / Vineta in das Meer / versunken   231
Mit Zwergen / und mit Riesen   176
Mond / Traum   179
Morgens / eine Nachtigall   146

Nach dem / Feuertanz   181
Nachts bin ich / ein anderer   83
Nachts / wenn die Gedanken / einschlagen   20
Nebelwogen / Pappelwipfel   198
Neue Zeichen / brennen   183
Nichts / tröstet   141
Nicht wissen / wie die Minuten   125
Nimm die Sprache / zum Zeugen   54
Nimm ein Licht / in deinen Traum   53

Noch ein Tag und / noch ein Jahr 9
Noch nicht ganz / vergessen 77

Orte aus Rauch / ohne Atem und Glanz 239
Orte wandelbar / in der Zeit 16

Perlen schenken 28

Rad / aus Wolkenerz 232
Reise / zu den Zwergen 63
Rot ist der Sand 234

Sadagora / Hof des Wunderrabbi 202
Säule Schneemann / auf einer weißen /
   Wolkenbank 178
Schatten oder Gespenster 79
Schnell / wird dein Leben 10
Schön / auch nackte Nächte 76
Schwebend / auf Weltenbahnen 197
Schwerer / der Weg zum Ziel 27
Schwimm / gegen den Strom 120
Sein / Sonnenname / Sein / Wunderwort 196
Singen / den Freudensang 72
Sonne auch sie / ein Rätsel 43
So / soll es sein 24
Steine / zählen deine Schritte 59
Sterne / Glühwürmer / leuchten 117
Sternensturz / aus der / Schwärze des Himmels 221
Sträubt sich / dein Wort 95

Tausendfüßler / Traum 102
Tiefe Trauer / helle Freude 91
Toben / im / kühlen Revnawald 208
Träge / taumelnd 215
Trage mich / in den / Sternenkranz 227
Trauer / der Taube 224
Traum der meinen / Schlaf umgeht 122

Treffer / auf / Treffer 201

Vergiß / meine ängstlichen Gesten 145
Verschwommene Tage 114
Vertrau dem Abend / dein Licht an 74
Vertraut / mit dem / Rosenschlaf 242
Vögel möchte ich / auffliegen lassen 15
Von Himmel zu Himmel / ich fliege 217
Vor den Garben / kniet ich 184

Was der Wind verwirft 38
Was einen Namen hat 70
Was ist / meine Aufgabe 180
Weise / Sternendeuter 249
Wenn / die Sterne finster werden 192
Wenn die Zeit sich versteckt 11
Wenn / ich dir / wiederbegegne 230
Wenn ich / mir selber begegne 113
Wenn / wieder / Jugend grüßt 219
Wer weiß / wo ein Glück beginnt 62
Wie schnell / der Tag / sich verflüchtigt 106
Wieviel mal siebzig / Lichtjahre 100
Wieviel Millionen Umsatz 48
Wie viele Gedanken / Worte Bewegungen 64
Wie viele / unheilverkündende Meteore 56
Wimpernschlag / Hauch / im Mai 246
Wind mischt Farben 41
Wir blühen uns zu 128
Wir haben Rosen / gepflanzt 88
Wir / haben uns nichts vorzuwerfen 136
Wir / träumen Schlaraffenland 132
Wir warten / am Erdrand 170
Wirf / eine Münze 92
Wo ist mein / Paradies 67
Wohin / sind die / herrenlosen Vögel 109
wollen gegangen werden 61
Wolken / die einander jagen 68

Zauberzeichen / aus dem / erhabenen
 Sternenreich   225
Zeichen / aus dem Ginsterland   206
Zufällig / diese Anordnung   49
Zwielicht / eines Gewitters   216
Zwischen / rot und grün   213

Quellenverzeichnis

Der Traum hat offene Augen.
Unveröffentlichte Gedichte 1965–1978.
Fischer Taschenbuch Verlag, Frankfurt am Main 1987.

Ich spiele noch. Neue Gedichte.
S. Fischer Verlag, Frankfurt am Main 1987.
Folgende Gedichte aus der Sammlung *Ich spiele noch* wurden zuerst veröffentlicht in dem Band *Festtag in Manhattan*, Pfaffenweiler Presse, Pfaffenweiler 1985:
Ich lausche
Ich / eine kleine Blume
Letzte Wiederkehr
Vergiß / meine ängstlichen Gesten
Morgens / eine Nachtigall
Im Sommer
Jenen / verlorenen Zeiten
Ich sammle / meine Verluste
Aus der Sonne
Ich danke / den Göttern
Das Weiß einer Säule
Am Himmel
Ich bin / schon lange verschollen
Mit den holprigen Jahren
Der Auferstandene
Als ich / aus der / Kindheit floh
Aus fernen Welten
Ich wohn / auf einer Zauberinsel
Ich entdecke / im Herzen der Sonne
Freundschaft

Der Abdruck der Gedichte erfolgt nach der Wiedergabe in Band 7 der *Gesammelten Werke* Rose Ausländers, *Und preise die kühlende / Liebe der Luft, Gedichte 1983–1987*, im S. Fischer Verlag, Frankfurt am Main 1988, S. 135–380.

Inhalt

1987 5

Der Traum hat offene Augen. 7

Ich spiele noch 129

Nachwort 251

Editorische Notiz 255

Zeittafel Rose Ausländer 257

Verzeichnis der Gedichte
   alphabetisch nach Gedichttiteln 263
   alphabetisch nach Gedichtanfängen 271

Quellenverzeichnis. 279